Friedrich Fallhausen

Prepping für Einsteiger

Krisenvorsorge, Lebensmittelvorrat, Katastrophenmanagement – Vorratshaltung günstig und sicher anlegen

Prepping – Prepper – Vorrat – Krisenvorsorge – Lebensmittelbunker – Checkliste

ISBN: 9798625041690

Idee u. Text: Friedrich Fallhausen

Korrektorat: Markus Winter

Auflage Juli 2020

Inhaltsverzeichnis

Vielen Dank für Ihr Vertrauen!

Vielen Dank für den Kauf von Prepping für Einsteiger!
Ich hoffe sehr, dass Sie mit dem Buch und dem Inhalt zufrieden sind und viele neue Informationen rund um die Nahrungsvorsorge gewinnen können.

Kundenzufriedenheit ist mir als Autor wichtig und ich freue mich, wenn Sie mir Ihre Eindrücke und Feedback mitteilen könnten. Es wäre toll, wenn Sie sich kurz die Zeit nehmen, eine Bewertung bei Amazon zu schreiben. Denn dann helfen Sie auch anderen Kunden bei der Auswahl.

Um Ihre Bewertung zu schreiben und abzuschicken, genügt ein Besuch bei folgenden Link oder QR-Code.

https: //amzn.to/2ZITxPC

Vorwort

Wenn Sie gerade erst in die Welt der Prepper und Nahrungsmittellagerung einsteigen, sind Sie wahrscheinlich ziemlich überfordert. Es gibt so viel zu lernen, dass Sie dieses Thema jahrelang studieren und trotzdem kein Experte sein könnten. Ein guter Anfang ist, eine zweiwöchige Grundversorgung mit Lebensmitteln aufzubauen.

Wenn Sie wie die meisten Menschen sind, möchten Sie dies wahrscheinlich so kostengünstig wie möglich tun. Dieser Ratgeber wird Ihnen aufzeigen, welche Lebensmittel Sie auf jeden Fall bevorraten sollten, welche Lagerungsmöglichkeiten ideal sind und auf welche Faktoren Sie unbedingt achten müssen, damit Sie im Falle einer Krise oder Katastrophe perfekt vorbereitet sind.

Prepping von Lebensmitteln für Einsteiger

Ein großer Vorrat an Nahrungsmitteln ist eines der Hauptziele eines jeden Preppers. Leider denken viele Neulinge, dass sie nur zum Laden laufen und einen Wagen mit Konserven füllen müssen. Dies ist ein kostspieliger Fehler. Man muss sich etwas Zeit nehmen, um herauszufinden, welche Lebensmittel man lagern muss und wie man sie genau lagert.

Die meisten der Prepper kennen bereits die Grundlagen der Notfalllagerung von Lebensmitteln, aber ich habe auch eine Reihe von Menschen kennengelernt, die gerade erst am Anfang stehen - Leute, die noch nie eine andere Lagerungsmethode für Lebensmittel als ihren Kühlschrank benutzt haben. Dieser Ratgeber ist mein Versuch, ihnen den Einstieg zu erleichtern, und er ist auch eine gute Auffrischung für erfahrenere Prepper.

Am Ende dieses Ratgebers werden Sie die Grundlagen der Lebensmittellagerung kennen, so dass Sie damit beginnen können, die richtigen Lebensmittel an den richtigen Stellen zu lagern, um sicherzustellen, dass Ihre Familie nach einer größeren Katastrophe etwas zu essen hat.

Sie werden auch ein wenig über die gebräuchlichsten Methoden der Nahrungsmittellagerung Bescheid wissen und Fehler vermeiden können, die Ihre Lebensmittelversorgung gefährden könnten. Denken Sie daran, dass dies kein Wettlauf darum ist, wer die meisten Lebensmittel im Regal bekommt. Dies ist ein methodischer, lebenslanger Prozess - nichts, was Sie an einem Wochenende tun können.

Wo Sie Ihre Lebensmittel lagern sollten

Bevor Sie anfangen, Lebensmittel zu kaufen, müssen Sie sich überlegen, wo Sie sie hinstellen werden. Dies wird einen großen Einfluss darauf haben, wie viel Sie lagern können. Wenn Sie eine kleine Wohnung mit wenig Stauraum haben, müssen Sie kreativ werden.

Hier sind einige Merkmale, nach denen Sie bei der Lagerung von Lebensmitteln Ausschau halten sollten:

- Räume mit guter Belüftung
- Keine direkte Sonneneinstrahlung
- Maximal auf Zimmertemperatur (19°C)
- Trocken - Das bedeutet, keine Feuchtigkeit, kein stehendes oder tropfendes Wasser
- Wenn möglich, schädlings- und schimmelfrei
- Im Keller
- Kartoffelkeller
- Gästezimmer

- Kleiderschrank
- Speisekammer
- Unter den Betten oder im Bettkasten
- Hinter der Kleidung im Schrank
- Wäscheschränke

Sie möchten nicht, dass Ihr Lebensmittelvorrat im Freien für alle sichtbar ist. Wenn eine Katastrophe die Lebensmittelläden kollabieren lässt und die Bundeshilfe nicht in Ihre Gegend gelangt, werden sich die Menschen an all die Lebensmittelkisten erinnern, die Sie in Ihrem Wohnzimmer oder Ihrer Küche gestapelt hatten. Wenn zu viele Menschen von Ihrem Essen wissen, müssen Sie es entweder mit anderen teilen (was bedeutet, dass es nicht sehr lange reicht) oder Sie müssen die Menschen abweisen (was bedeutet, dass sie zu einer tödlichen Bedrohung für Sie und Ihre Familie werden könnten).

Ihre Lebensmittelvorräte sollten außer Sichtweite gehalten und nur mit Ihrer unmittelbaren Familie besprochen werden. Ihr Freund auf der Arbeit oder Ihr Nachbar nebenan braucht nicht von all den Lebensmitteln zu hören, die Sie lagern.

Denken Sie daran: Wenn Sie nichts davon abhält, Ihre Familie zu versorgen, wird sie auch nichts davon abhalten. Lassen Sie die Versuchung nicht aufkommen.

Es sollte gut genug sein, Ihr Essen außer Sichtweite zu halten. Es besteht jedoch die Möglichkeit von Extremsituationen, in denen Plünderer oder sogar Regierungsbeamte Ihr Haus auf der Suche nach Nahrung durchwühlen. Für diesen Fall sollten Sie in Erwägung ziehen, zusätzliche Notfallnahrung an ungewöhnlichen Orten aufzubewahren. Zum Beispiel:

- In der Lampenverkleidung
- Hinter Wänden und Mauern
- Im Inneren von alten, kaputten Geräten
- Im Inneren Ihres Bettes
- Unter der Treppe (falls möglich)
- Am Boden von Topfpflanzen

Das mag paranoid erscheinen, aber es schadet nie, vorbereitet zu sein. Vergessen Sie nur nicht, wo Sie Ihr Essen verstecken!

Auch wenn Sie Ihren Lebensmittelvorrat außer Sichtweite haben wollen, wollen Sie ihn nicht einfach irgendwo verstecken. Es gibt mehrere Orte, an denen Sie Ihre Lebensmittel nicht lagern sollten, einfach weil die Temperatur und die Luftfeuchtigkeit nicht kontrolliert werden können. Zum Beispiel:

- Garagen - Diese sind in Ordnung, wenn Sie in einem milden Klima leben und die Garage an einem bestimmten Tag nicht friert oder 20 Grad übersteigt. Es könnte jedoch ein Problem darstellen, wenn Sie in einer sehr feuchten Gegend leben.
- Außerhalb von Schuppen - Auch hier gibt es keine Möglichkeit, die Temperatur oder Feuchtigkeit zu kontrollieren, und Schädlinge könnten ein Problem darstellen.
- Badezimmer - Dies sind keine guten Orte, da die Feuchtigkeit ein negativer Faktor ist.
- Dachböden - Diese neigen dazu, im Sommer viel zu heiß zu werden. Und auch hier könnte die Feuchtigkeit ein Problem sein.

Heiße Temperaturen und Feuchtigkeit können die Haltbarkeit Ihrer Lebensmittel halbieren oder verschlechtern, je nachdem, wie lange Sie die Lebensmittel unter diesen Bedingungen aufbewahren.

Wenn möglich, sollten Sie Regale in Ihrem Lagerraum haben. Das macht das Leben einfach leichter. Metallregale sind die besten und haltbarsten, und sie sind leichter zu reinigen, wenn ein Glas zerbricht oder etwas ausläuft. Sie halten ziemlich gut unter dem Gewicht von Konserven. Holz- und Kunststoffregale bieten nicht die gleiche Festigkeit, und Ihre Lebensmittelvorräte könnten in einem Haufen auf dem Boden enden. Eine Randbemerkung: Lebensmittelpakete sollten niemals direkt auf dem Boden gelagert werden. Eine kleine Überschwemmung könnte alles zerstören.

Der wichtigste Grund für Regale ist jedoch, dass sie das Drehen der Lebensmittel erleichtern. Das ist sehr wichtig. Wenn Sie Lebensmittel im hinteren Teil des Schranks oder unter einem Stapel von Kisten vergraben lassen, sind sie bereits verdorben, wenn Sie sie endlich herausholen. Es ist bekannt, dass Menschen auf diese Weise Lebensmittel im Wert von Tausenden von Dollar verschwenden. Was für eine Verschwendung!

Von nun an sollten Sie beim Einkaufen das meiste, was Sie kaufen, direkt in die hinteren Regale Ihrer Lebensmittelvorräte legen, und das Zeug davor sollten Sie herausziehen, um es für die Mahlzeiten der kommenden Woche zu verwenden. Hier sind einige Tipps, wie Sie Ihre Lebensmittelvorräte drehen können.

Fangen Sie mit kleinen Vorräten an

Vergleichen Sie Ihren Nahrungsvorrat nicht mit dem Ihres Freundes, der sich seit Jahren vorbereitet. Das ist so, als würden Sie sich mit einem Marathonläufer vergleichen, wenn Sie ein Joggingregiment starten. Wie beim Training müssen Sie klein anfangen und immer ein wenig auf einmal machen. Wenn man nicht aufhört, hat man im Handumdrehen einen riesigen Vorrat. Um sich dabei zu helfen, sollten Sie sich Ziele setzen.

3 Tage

Dies ist die empfohlene Menge an Nahrung und Wasser, die Sie laut der Bundesregierung immer zur Hand haben sollten. Der Durchschnittshaushalt hat bereits so viel Nahrung. Wenn nicht, dann beschaffen Sie sich diese sofort und nutzen Sie sie als Absprungstelle. Wenn eine Katastrophe eintritt, denken Sie daran, dass das Essen im Kühlschrank zuerst gegessen werden sollte, was bedeutet, dass Sie Ihre Vorratsnahrung für den nächsten Tag aufheben können.

3 Wochen

Jetzt wollen Sie Ihre Nahrungsmittelversorgung für 3 Wochen ausbauen und erweitern. Finden Sie heraus, wie viel Nahrung Ihre Familie an einem typischen Tag zu sich nimmt, multiplizieren Sie diese Zahl mit 21, und Sie wissen, wie viel Sie brauchen. Sie müssen sich in diesem Stadium noch nicht ganz auf Massenartikel einlassen. Bauen Sie einfach Ihr Nahrungsmittellager in einem gleichmäßigen Tempo auf. Wenn Sie Lebensmittel einkaufen gehen, kaufen Sie zusätzlich alles, was nicht gekühlt werden muss. Achten Sie auch auf ein wenig Abwechslung. Was ist etwas, das Sie schon lange nicht mehr gegessen haben, aber von dem Sie wissen, dass Ihre Familie es mag? Was auch immer es ist, greifen Sie es sich. Machen Sie diese Dinge so lange, bis Sie 3 Wochen Essen haben, und vergessen Sie nicht, sich zu drehen.

3 Monate

Hier kommen Sie zu den langfristigen Lebensmitteln, die man am besten in großen Mengen kauft. Dinge wie Bohnen, Reis, Nudeln, Zucker, Mehl und so weiter. Dies ist die Phase, in der Sie von Grund auf lernen wollen, wie man kocht. Ich weiß, dass einige Leute denken, dass es sehr nervig ist, von Grund auf zu kochen, aber Sie werden auf diese Weise eine Menge Geld sparen. Sie werden auch viel gesünder sein. Probieren Sie mehrere verschiedene Gerichte von Grund auf aus, die Sie auf Ihrem Grill oder

Campingkocher zubereiten könnten, wenn es sein muss, und wenn Sie einige finden, die Ihre Familie mag, kaufen Sie die notwendigen Zutaten in großen Mengen.

6 Monate

Ihr Lebensmittelvorrat sollte am letzten Kontrollpunkt mit einer Vielzahl von Lebensmitteln und Snacks verdoppelt werden, um Ihre Familie gesund und glücklich zu halten. Auch hier sollten Sie darauf achten, sich nicht zu sehr auf Konserven und Dosennahrung zu verlassen. Wenn das alles ist, was Sie zu essen haben, dann wird Ihr Natriumgehalt durch die Decke gehen, was Ihrer Gesundheit schadet, besonders wenn Sie im mittleren Alter oder älter sind. Stellen Sie sicher, dass Sie viel Trockenfutter und dehydrierte Lebensmittel in großen Mengen zu sich nehmen.

1 Jahr

Dies ist im Allgemeinen das Ziel der meisten Prepper, und es kann mehrere Jahre dauern, bis es erreicht wird, aber es ist sehr machbar, wenn man geduldig und hartnäckig ist. Aber wenn Sie an diesem Punkt angelangt sind, hören Sie nicht auf, sich vorzubereiten. Sie sollten Ihre Nahrungsversorgung weiter durchlaufen und sich weiter verbessern. Sie werden neue Lebensmittel, neue Rezepte, neue Möglichkeiten der Aufbewahrung und so weiter entdecken. Je länger Sie den Jahresvorrat an Lebensmitteln aufrechterhalten, desto besser wird er werden.

Hinweis: Wenn Sie so viele Lebensmittel aufbewahren, achten Sie unbedingt auf die Haltbarkeit Ihrer Lebensmittel. Einige Lebensmittel halten wahrscheinlich nicht so lange, wie Sie denken, während andere Lebensmittel viel länger halten.

Was Sie lagern sollten

Jetzt ist es an der Zeit, etwas genauer zu werden. Welche Lebensmittel sollten Sie also genau lagern? Die kurze Antwort lautet: Was immer Ihre Familie isst. Es gibt ein altes Sprichwort: "Bewahre auf, was du isst, und iss, was du aufbewahrst." Das mag ein wenig vage erscheinen, aber es ist die einzige Regel, die Sie beachten müssen, wenn Sie anfangen, zusätzliche Nahrungsmittel zu kaufen.

Lagern Sie niemals Lebensmittel, die Ihre Familie hasst oder die Ihre Familie nicht probiert hat, egal wie viel es ist. Vielleicht denken Sie: "Wenn wir hungrig sind, essen wir alles, also wen kümmert das?" Das ist zwar richtig, aber Sie wollen sich trotzdem auf Lebensmittel konzentrieren, die jeder genießen kann. Während einer langfristigen Katastrophe ist es wichtig, alles zu tun, um die Moral aufrechtzuerhalten, und ekelhafte Lebensmittel, die niemand mag, werden das nur noch schwieriger machen. Dies ist besonders wichtig, wenn Sie Kinder haben.

Unten finden Sie eine Liste von Lebensmitteln mit einer langen Haltbarkeit (ein Jahr oder länger). Wie ich bereits erwähnt habe, werden Sie neben Dosen- und Schachtelnahrung auch viele Backzutaten benötigen. Sie sollten sich auch auf Lebensmittel konzentrieren, die auf verschiedene Weise zubereitet werden können, damit Sie mehr Mahlzeiten zur Auswahl haben.

Hinweis: Wenn Sie viele trockene Massengüter wie Mehl und Reis aufbewahren, sollten Sie auch etwas Kieselgur kaufen, die zwar Schädlinge abtötet, aber sicher verzehrt werden kann. Nun zu der Liste:

- Weißer Reis - Brauner Reis mag gesünder sein, aber er lagert nicht annähernd so lange
- Getrocknete Bohnen
- Haferflocken
- Dosenfrüchte
- Gemüse in Dosen
- Dosenfleisch - Thunfisch, Dosenfleisch, Hühnerfleisch, etc.
- Milchpulver

- Backzutaten - Backpulver, Mehl, Zucker usw. (Anmerkung: Hefe und Backpulver halten nur wenige Monate)
- Weißmehl - Es gibt viele andere Mehlsorten, aber sie halten nicht so lange
- Salz und Pfeffer
- Vielfalt an Gewürzen und Würzmitteln - Ihre Mahlzeiten werden ohne sie sehr langweilig sein
- Trockenfleisch - Beef Jerky, Hühnerfleischstücke, etc.
- Nudeln - Spaghetti-Nudeln, Makkaroni-Nudeln, etc.
- Tomatensauce
- Instant-Gerichte
- Erdnussbutter
- Marmeladen und Gelees
- Honig
- Müsli
- Müsliriegel
- Popcorn
- Konserven - Suppe, Chili, Spaghetti usw.
- Andere Lebensmittelkonserven
- Kaffee und Tee

- Gewürze - Ketchup, Senf, scharfe Sauce, BBQ-Sauce, etc.
- Saucen - Mit Sauce schmeckt alles besser
- Bouillon-Würfel

Es gibt viele andere langlebige Lebensmittel, aber diese Liste soll nur dazu dienen, die Zahnräder in Ihrem Kopf zu drehen. Wenn Ihre Familie ein bestimmtes Grundnahrungsmittel hat, ohne das sie nicht leben kann, fügen Sie reichlich davon zu Ihrer Lebensmittelvorratskammer hinzu. Besser noch, lernen Sie, es von Grund auf neu herzustellen und die notwendigen Zutaten vorrätig zu haben.

Manche Kinder und sogar Erwachsene haben einen bestimmten Snack, den sie absolut lieben. Achten Sie darauf, dass Sie auch reichlich davon haben, solange es sich um etwas handelt, das lange haltbar ist (wie zum Beispiel Süßigkeiten).

Lebensmittel, die schwer zu lagern sind

Es gibt einige Lebensmittel, die sich einfach nicht sehr gut in einem Regal in der Speisekammer aufbewahren lassen. Sie müssen entweder aufhören, diese Lebensmittel zu essen, oder eine geeignete Alternative finden.

Cracker, Saltines oder Suppencracker halten nur ein paar Monate, bevor sie schal werden. Sie denken vielleicht, dass Sie immer noch schale Cracker essen können, aber es ist nicht angenehm. (Machen Sie stattdessen ein paar Hartkekse.)

Pflanzenöl wird nach mehr als einem Jahr im Regal ranzig werden. Sie können Schmalz oder Kokosnussöl verwenden. Diese können zwar immer noch ranzig werden, aber sie sind dann noch etwa ein Jahr länger haltbar.

Salatdressing wie Ranch wird sich in einem Regal für einige Jahre nicht gut halten. Kinder neigen dazu, alles mit Ranch zu belegen. Es wäre besser, wenn Sie trockenes Ranchgemisch aufbewahren würden, das Sie zu einem Dressing zubereiten können, sobald Sie gelernt haben, wie man Mayonnaise herstellt, was uns zum nächsten Punkt auf der Liste führt.

Mayonnaise ist ein Grundnahrungsmittel in vielen Haushalten, aber wenn man das Glas einmal geöffnet hat, muss man es schnell essen (es sei denn, man kann einen kleinen Kühlschrank mit Strom versorgen). Wenn Sie Mayo brauchen, kaufen Sie kleine Gläser, die Sie schnell durchschlagen können, bevor das gute Zeug verdirbt.

Die meisten Trockenfrüchte halten nur sechs Monate bis zu einem Jahr. Nicht, dass Sie es nicht lagern sollten - Sie sollten es tun. Aber Sie müssen sie schnell durchschlagen.

Die Nüsse müssen, wie bei Trockenfrüchten, jedes halbe bis ein Jahr gewechselt werden. Sie sind eine großartige Fett- und Eiweißquelle, aber achten Sie auf die Verfallsdaten.

Ahornsirup, vor allem das billige Zeug, wird nach einiger Zeit beim Öffnen schimmeln. Lernen Sie, wie man mit etwas Zucker und

Ahorngeschmack seinen eigenen Sirup hergestellt.

Frühstückszerealien neigen dazu, schal zu werden, wenn Sie sie nicht bald essen. In dem Moment, in dem Sie die Verpackung öffnen, geht es schnell bergab.

Milchprodukte werden nicht monatelang in einem Regal stehen. Dinge wie Milch, Butter, Eier und Käse müssen gekühlt werden. Und selbst dann sind die Haltbarkeiten begrenzt.

Gefriergetrocknete Lebensmittel

Wenn Sie die erste Liste durchgesehen haben und etwas überrascht waren, dass nichts gefriergetrocknet wurde, gibt es dafür einen Grund. Gefriergetrocknete Lebensmittel verdienen einen eigenen Abschnitt. Es handelt sich um Lebensmittel, die man nur im Handel verpackt kaufen kann.

Wie unterscheiden sich also gefriergetrocknete Lebensmittel von anderen getrockneten Lebensmitteln? Im Grunde genommen sind sie schockgefrostet.

Durch dieses Verfahren behalten die Lebensmittel einen höheren Nährwert als bei der Konservierung oder dem Trocknungsprozess. Außerdem bleiben das Aussehen und der Geschmack der Lebensmittel nach der Konstituierung mit etwas Wasser nahezu unverändert. Tatsächlich benötigt man weniger Wasser, um ein gefriergetrocknetes Lebensmittel wieder in sein ursprüngliches Aussehen zu bringen, als bei dehydrierten Lebensmitteln. In einer Situation nach einer Katastrophe ist dies bei Wasserknappheit eine sehr große Sache.

Der einzige Nachteil von gefriergetrockneten Lebensmitteln sind die Kosten. Dies ist in der Regel ein entscheidender Faktor für viele Prepper. Wenn Sie es sich nur leisten können, ein paar gefriergetrocknete Lebensmittel in Ihre Vorratskammer zu legen, beginnen Sie mit den unten aufgeführten Artikeln, da es nicht viele andere Möglichkeiten gibt, sie langfristig zu lagern.

- Käsepulver
- Mit Milch
- Butter

- Rühreier

Es gibt eine Tonne gefriergetrockneter Mahlzeiten, wie z.B. Rindstreifen oder Hühnerteriyaki, die in Dosen oder Beuteln geliefert werden. Mountain House stellt sogar Eimer für Notfallverpflegung her, die mit einer Vielzahl von Mahlzeiten geliefert werden. Um ehrlich zu sein, schmecken sie nicht annähernd so gut wie hausgemachte Mahlzeiten, aber sie sind trotzdem eine großartige Option, wenn Sie schnell und einfach eine Mahlzeit zubereiten möchten.

Wenn Sie gefriergetrocknete Lebensmittel kaufen, denken Sie daran, dass die Portionen pro Dose auf einer kalorienspezifischen Ernährung basieren. Die Portionen werden wahrscheinlich deutlich kleiner sein als Ihre heutige Durchschnittsmahlzeit. Wenn Sie wissen, dass Sie einige große Esser haben, planen Sie entsprechend und gehen Sie nicht davon aus, dass eine Dose mit 40 Portionen wirklich so viel ist.

Tipps zur Lagerung von Lebensmitteln

Es gibt mehrere Tricks, die Ihre Lebensmittellagerung zum Erfolg führen. Wir haben darüber gesprochen, wo und in welchem Geschäft, also kommen wir jetzt zu all den verschiedenen Tipps.

Wenn Sie Mehl einlagern wollen, legen Sie es einige Tage in den Gefrierschrank, bevor Sie es verschließen und in Ihre Vorratskammer geben. Die Gefriertemperatur tötet die Rüsselkäfereier ab, so dass Sie sich keine Sorgen machen müssen, dass sie schlüpfen und in Ihrem Mehl hängen bleiben, während es im Regal steht.

Verwenden Sie Klipp-Beutel - Ja, sie kosten zwar etwas Geld, aber sie können die Haltbarkeit Ihrer Lebensmittel um Jahre oder sogar Jahrzehnte verlängern. Wenn sie richtig verschlossen sind, können diese Beutel Sauerstoff und Feuchtigkeit fernhalten.

Besorgen Sie sich zumindest ein paar Größen, wie z.B. 1-Liter und 5-Liter-Beutel. Es gibt auch andere Größen, aber diese beiden sollten alles sein, was Sie brauchen.

Vergessen Sie nicht, Sauerstoffabsorber zu kaufen, um so viel Sauerstoff wie möglich aus dem Beutel zu entfernen. Sie brauchen 300-cc-Absorber für Ihre 1-Liter-Beutel (ein Absorber pro Beutel reicht normalerweise aus, aber ich verwende zwei, wenn es sich um Nudeln oder Bohnen handelt, die mehr Luft enthalten) und 2000-cc-Absorber für Ihre 5-Liter-Beutel (auch hier verwenden Sie zwei, wenn es sich um Nudeln oder Bohnen handelt).

Wenn Sie noch Absorber übrighaben, lassen Sie diese nicht aus, sonst werden sie unbrauchbar. Geben Sie die zusätzlichen Absorber stattdessen so schnell wie möglich in ein luftdichtes Maurerglas.

Legen Sie Ihre mit heißem Eisen verschlossenen Beutel in einen 5-Liter-Vorratseimer mit Deckel, um sie vor Ungeziefer und Nagetieren zu schützen. Dies gibt ihnen auch eine weitere Schicht Schutz vor Überflutung.

Geben Sie Lorbeerblätter in Eimer mit Reis, Mehl und Bohnen. Dies ist besonders wichtig, wenn Sie keine Klipp-Beutel verwenden. Die Lorbeerblätter stinken viel zu sehr nach Ameisen und anderen Schädlingen, und sie bleiben weg.

Beschriften Sie alles mit einem großen schwarzen Marker. Sie wollen das Datum auf die Dinge schreiben, damit Sie wissen, wann Sie sie in Ihre Vorratskammer gelegt haben. Wenn Sie Klipp-Beutel verwenden, können Sie Etiketten kaufen, die Sie auf jeden Beutel kleben können. Das ist sehr hilfreich und verhindert, dass Sie das Siegel brechen, um zu sehen, was sich darin befindet. Beschriften Sie auch die Eimer. Ich persönlich benutze Abdeckband zur Herstellung von Etiketten, weil es billig und leicht zu entfernen ist.

Führen Sie ein laufendes Inventar, egal ob es sich um eine App auf Ihrem Telefon oder ein Papiernotizbuch handelt. Eine Inventur wird Ihr Leben so viel einfacher machen, glauben Sie mir. Wenn Sie monatelang Lebensmittel lagern, werden Sie vergessen, was Sie haben. Aber mit einer Inventur können Sie in den Laden gehen und wissen genau, was Sie kaufen können.

Zusammenhalten wie Lebensmittel. Obst aus der Dose kommt in die eine Abteilung und Gemüse aus der Dose in die andere. So können Sie leicht genau das finden, was Sie wollen, ohne dass Sie die Dinge umstellen und Ihre Rotation durcheinanderbringen müssen.

Viele Prepper haben im Laufe der Jahre gelernt, dass Lebensmittel, die in Glasgläsern aufbewahrt werden, viel länger halten als Lebensmittel in Plastikbehältern. Plastik ist halbdurchlässig, d.h. Luft kann an die Lebensmittel gelangen und den Abbau der Zutaten beschleunigen. Wenn es möglich ist, kaufen Sie entweder Dinge in Glasgläsern oder nehmen Sie den Gegenstand aus der Originalverpackung und legen Sie ihn in saubere, verschließbare Gläser.

Zusätzlich zu diesen Tipps zur Aufbewahrung von Lebensmitteln müssen Sie auch diese Fehler bei der Lagerung von Lebensmitteln lernen.

Eigene Lebensmittel bewirtschaften und aufbewahren

Wenn Sie bei dem Gedanken, eine Menge Lebensmittel zu kaufen, die Sie Ihrer Familie nicht sofort servieren werden, ein wenig in Panik geraten, versuchen Sie, sich zu entspannen. Die Vorbereitung bedeutet nicht, dass Sie von Ramen-Nudeln leben müssen, während Sie die guten Sachen verstauen. Suchen Sie einfach nach Möglichkeiten, anderswo Geld zu sparen, und tun Sie, was Sie können.

Sie sollten auch darüber nachdenken, einen Garten anzulegen und die darin produzierten Lebensmittel zu konservieren. Oder wenn Sie Nachbarn haben, die Ihnen immer ihre überschüssigen Produkte anbieten, akzeptieren Sie sie und bewahren Sie sie auch auf.

Es gibt 2 Hauptmethoden der Lebensmittelkonservierung zu Hause: Einmachen und Dehydrieren.

Einmachen

Die Konservenherstellung ist eine ausgezeichnete Möglichkeit, alles zu konservieren, von Obst und Gemüse bis hin zu Ihren Lieblingssuppen und Eintöpfen. Es ist möglich, die meisten Dinge, die Sie Ihrer Familie servieren, in einem typischen Monat einzudosen. Es gibt buchstäblich hunderte von Konserven- und Konservierungsrezepten, die es gibt.

Es gibt etwas wirklich Befriedigendes an Konserven für Ihre Familie zu essen. Sie wissen, dass Sie es mit Liebe einpacken und gleichzeitig sicherstellen, dass sie nur die guten Sachen bekommen. Sie haben die volle Kontrolle über die Qualität der Lebensmittel, die Sie in die Regale stellen, und Sie müssen sich keine Sorgen über die Sauberkeit der Verarbeitungsanlage machen oder etwas Ekliges in einem Glas grüner Bohnen finden.

Um zu Hause Essen zu konsumieren, benötigen Sie einige Grundvorräte. Rechnen Sie damit, etwa 200 Euro für die Erstinvestition zu bezahlen. Sie wird sich sehr schnell amortisieren. Die folgende Liste enthält die Dinge, nach denen Sie suchen werden.

Scheuen Sie sich nicht vor Hofverkäufen, prüfen Sie die Kleinanzeigen und Secondhand-Läden. Wenn Sie eine gebrauchte Dose kaufen, vergewissern Sie sich, dass die Dichtung an der Innenseite des Deckels in gutem Zustand ist. Wenn Sie Einkerbungen oder Verschleißerscheinungen feststellen, müssen Sie die Dichtung austauschen. Die Investition in eine Anleitung zur Dosenherstellung, die Ihnen alle wichtigen Details sowie Rezepte liefert, ist eine sehr gute Idee.

- Kanister
- Einmachgläser
- Deckel und Gummibänder
- Glas-Lifter
- Canning Rack (optional, aber ein nettes Werkzeug für die Wasserbadkonservierung).
- Trichter für Dosen
- Dosen-Salz

Sie können mehrere davon als Teil eines Einmachmachmachersets für zu Hause erhalten.

Die Druckkonserve wird Ihre größte Investition sein. Sie werden zwischen 50 und 100 Euro zahlen müssen. Sie können teuer sein, aber sie sind für eine sichere Konservenherstellung absolut notwendig. Sie können mit der Verwendung einer Wasserbadkonserve für Früchte davonkommen, aber das war's dann auch schon. Eine Wasserbadkanne ist im Grunde ein großer Topf. Die Früchte, Marmeladen und Gelees werden etwa 10 Minuten lang in den Gläsern gekocht und können dann sicher in das Regal gestellt werden. Die Früchte haben einen hohen Säuregehalt, der die Bakterien abtötet.

Das Einmachen zu Hause ist relativ einfach. In der Regel werden frische Produkte gepflückt, wenn die Früchte reif und saftig sind und das Gemüse knackig ist. Die Produkte werden gründlich gewaschen, bevor die Blüten abgeschnitten werden, und das Gemüse wird in einem Blanchierverfahren blanchiert, um das Bakterienwachstum zu stoppen. Beim Blanchieren wird das Gemüse einige Minuten lang in Wasser gekocht, bevor es für die gleiche Zeit in ein Eisbad getaucht wird.

Alles andere, was Sie zu Hause zubereiten, wie Chili, Suppe oder sogar Fleisch, können Sie in ein Glasgefäß geben und in Ihrer Druckkonserve verarbeiten. Sie werden erstaunt sein, wie schnell Sie Ihre Regale mit nur einem einzigen Tag Dosen füllen können.

Dehydrierung

Die Dehydrierung von Lebensmitteln ist eine weitere gute Option. Der Prozess entzieht dem Lebensmittel Feuchtigkeit, um es am Wachstum von Bakterien zu hindern. Die Dehydrierung ist eine Methode, die es schon seit Jahrhunderten gibt, die aber heutzutage viel einfacher und sicherer für uns ist, da wir elektrische Dehydrierer einsetzen können. Früchte, Gemüse, Fleisch und Gewürze können alle getrocknet und jahrelang sicher im Regal gelagert werden. Es gibt Hunderte von Trockenrezepten, die man ausprobieren kann.

Ein guter Dehydrator kostet mindestens 60 Euro. Ein High-End-Trockner kann bis zu 250

Euro kosten. Um Ihre Lebensmittel zu dehydrieren, müssen Sie sie gründlich waschen und trocknen, bevor Sie sie in sehr dünne Streifen schneiden. Dünne Streifen von Obst und Fleisch trocknen schnell und Sie müssen sich nicht allzu viele Sorgen machen, dass sie zäh und schwer zu essen sind. Bei einem dünnen Streifen besteht jedoch die Gefahr, dass die Lebensmittel hart werden und bei der Handhabung auseinanderfallen.

Das Trocknen von Lebensmitteln ist etwas, das Übung erfordert, deshalb sollten Sie sich vielleicht ein Kochbuch mit einem Dehydrierungsmittel besorgen, das Ihnen auf diesem Weg hilft. Sie werden schnell den Dreh raushaben, wenn Sie bestimmte Früchte, Gemüse und Fleisch schneiden.

Es gibt eine Menge verschiedener Gewürzmischungen und Marinaden, die Sie für Fleisch verwenden können, um ihm einen zusätzlichen Geschmack zu verleihen. Wenn Lebensmittel dehydriert werden, neigen sie dazu, einen Teil ihres Geschmacks und ihres Nährwerts zu verlieren. Früchte sind oft etwas besser, wenn sie vor dem Trocknungsprozess mit Zitronensaft oder

Zitronensäure besprüht werden, damit sie eine natürlichere Farbe behalten.

Räuchern

Das Räuchern von Fleisch ist eine weitere alte Konservierungsmethode. Es ist im Wesentlichen eine Trocknung, die jedoch über Holzspäne erfolgt, die dem Fleisch zusätzlichen Geschmack verleihen. Für viele Jäger ist dies etwas, das ihnen einen echten Nervenkitzel beschert. Es ist sehr befriedigend, Fleisch aus der Wildnis zu ernten und dann in ihrem eigenen Räucherofen Dörrfleisch herzustellen. Sie können mit einer Vielzahl von Geschmacksrichtungen experimentieren, die durch die Art der verwendeten Holzspäne verstärkt werden.

Wenn das Räuchern dazu dient, Fleisch so zu konservieren, dass es nicht gekühlt werden muss, wird es als "hartes Räuchern" bezeichnet. Wie Sie wahrscheinlich wissen, können Sie geräucherten Schinken und was sonst noch alles im Lebensmittelgeschäft kaufen. Das ist ein anderer Prozess, und ein Schinken oder ein anderes Stück Fleisch, das geräuchert wurde, muss immer noch gekühlt werden. Ihr Ziel ist es, Fleisch und andere Lebensmittel zu lagern, ohne dass Sie eine große Gefriertruhe benötigen. Wenn Sie diese Methode ausprobieren möchten, finden Sie hier eine Bildanleitung zum Räuchern von Fleisch.

Wurzelkeller

Es wäre eine sehr kluge Entscheidung, auf Ihrem Grundstück einen Wurzelkeller zu bauen oder zu graben, wenn Sie das können. Dies ist eine ausgezeichnete Möglichkeit, frische Produkte über Monate hinweg zu lagern. Frisch ist absolut am besten, und immer, wenn Sie frische Lebensmittel über Konserven oder getrocknet essen können, werden Sie das wollen.

Wurzelkeller halten die Lebensmittel bei einer schönen, kühlen Temperatur mit genau der richtigen Menge an Feuchtigkeit. Es gibt sehr wenig, was Sie tun müssen, nachdem Sie Ihr Essen in einen Wurzelkeller gelegt haben. Die Natur kümmert sich um alles für Sie. Die einzige Sorge, die Sie haben werden, ist, dass Sie Holzregale verwenden und viel Platz zwischen den Produkten im Keller lassen. Holzregale halten weder Wärme noch Kälte zurück, die die Temperatur im Wurzelkeller wie Metallregale ablenken könnten, und die Lebensmittel benötigen eine gute Luftzirkulation.

Zu den Sorten, die in einem Wurzelkeller gut gelagert werden können, gehören:

- Kartoffeln
- Zwiebeln
- Kürbisse
- Karotten
- Rüben
- Äpfel
- Kohl
- Lauch
- Birnen
- Knoblauch

Tomaten - Wenn sie vor der Reife gepflückt werden, reifen sie im Wurzelkeller nach und sind nach der Ernte noch ein oder zwei Monate lang gut verzehrbar.

Der Schlüssel zur Frischhaltung von Hackfrüchten im Lager besteht darin, sie zu ernten und sie so zu belassen, wie sie sind. Das bedeutet, dass der Schmutz nicht abgewaschen werden darf. Der Boden hilft, sie zu konservieren und kühl zu halten. Achten Sie genau auf die Lebensmittel in Ihrem Wurzelkeller. Wenn eine Kartoffel oder eines Ihrer anderen Produkte zu verderben droht, sollten Sie sie schnell loswerden. Ein einziger fauler Apfel kann wirklich eine komplette Ernte ruinieren. Lagern Sie Ihre Produkte nicht in Eimern oder Säcken. Legen Sie alles flach aus. Achten Sie bei der Ernte darauf, dass die Ware nicht gequetscht wird. Ein Bluterguss führt zu schneller Fäulnis.

Die Vorbereitung ist eine Reise, kein Wettrennen. Nehmen Sie sich Zeit und bauen Sie einen Vorrat an Nahrungsmitteln auf, der Ihre Familie zufrieden stellt und Ihnen die Gewissheit gibt, dass Sie die Lebensmittel auf den Tisch bringen können, egal welche Katastrophe auf Sie zukommt.

Lebensmittelvorrat für unter 100 Euro

Wollen Sie sich vorbereiten, sind sich aber nicht sicher, wo Sie anfangen sollen? Wenn Sie bereits ein knappes Nahrungsmittelbudget haben, fragen Sie sich vielleicht, wie Sie die Kosten für den Bau eines Notfalllagers bewältigen können. Mit etwas Planung, Geduld und Beharrlichkeit können Sie Ihre Vorratskammer für nur 100 Euro beginnen.

Ich hoffe, Ihnen mit dieser Liste bei der Planung helfen zu können. Der Teil Geduld und Ausdauer kommt vom Einkaufen für den Verkauf von nicht verderblichen Artikeln und vom Auswechseln von Artikeln mit neuen Artikeln nach Bedarf.

Manche Anfänger, die mit der Vorbereitung beginnen und überfordert sind, glauben, dass sie Lebensmittel für mehrere Monate einkaufen müssen. Die Kosten für all diese Lebensmittel können nicht nur einschüchternd sein, sondern es kann auch unmöglich sein, sie zu lagern.

Wenn man sich mit einem knappen Budget vorbereitet, ist es realistischer, mit einem Vorrat zu beginnen, der für fünf bis sieben Tage ausreicht. Suchen Sie nach Großpackungen für viele dieser Artikel in Ihrem örtlichen Supermarkt oder im nächstgelegenen lagerhaltenden Einzelhändler.

Für die Zwecke dieser Liste haben wir preiswerte, langlebige Grundnahrungsmittel ausgewählt, die allein oder leicht gemischt mit anderen Artikeln verzehrt werden können. Um Ihre Lebensmittelvorräte sicher zu halten, ist es eine gute Idee, die verpackten Artikel in lebensmittelechten Eimern mit dicht schließenden Deckeln zu platzieren.

1. Reis

Reis ist vielseitig, preiswert und lagerstabil, wenn er in Eimern oder luftdichten Behältern gelagert wird.

2. Mehl

Sie können preiswertere Mehlsäcke in kleinere Säcke zerlegen und die kleineren Säcke dann in lebensmittelechten Eimern lagern. Frieren Sie die Säcke zuerst ein, um Schädlinge, die möglicherweise in die Verpackung gelangt sind, abzutöten.

3. Zucker

Viele Einzelhändler bieten während der Ferienzeit Zucker zum Verkauf an. Kaufen Sie, wenn immer möglich, in großen Mengen und lagern Sie den Zucker ungeöffnet in lebensmittelechten Eimern.

4. Nudeln

Sie können sich mit vielen Nudelsorten für einen Euro oder gar weniger eindecken. Nehmen Sie die Nudeln aus der Originalverpackung und lagern Sie sie in luftdichten Behältern, um langfristig die besten Ergebnisse zu erzielen.

5. Nudelsaucen in Gläsern

Sie können sich mit Ihrer Lieblingsmarke eindecken und die Gläser in Ihrem Speisekammerregal aufbewahren. Dosensoßen sind zwar nicht so schmackhaft, aber sie sind dann noch länger haltbar.

6. Gemüse in Dosen

Kaufen Sie das Lieblingsgemüse Ihrer Familie in Dosen zur langfristigen Lagerung. Amazon bietet beispielsweise preiswerte Viererpacks mit Mais und grünen Bohnen an, und Sie können das ganze Jahr über Handelsmarken zu Lagerpreisen finden.

7. Obstkonserven

In einer Stresssituation ist es keine gute Idee, mit neuen Arten von Lebensmitteln zu experimentieren. Suchen Sie nach Dosenfrüchten, die Ihre Familie bereits genießt. Mandarinen und Dosenpfirsiche sind eine gute Wahl.

8. Wichtige Gewürze

Legen Sie einen Vorrat an preiswertem Speisesalz und Pfeffer an. Viele Geschäfte verkaufen andere Grundgewürze, darunter Knoblauchsalz, italienisches Gewürz, Thymian und roten Pfeffer, für einen Euro pro Behälter. Lagern Sie sie ungeöffnet in luftdichten Behältern oder im Gefrierfach.

9. Butter

Wussten Sie, dass Butter im Gefrierfach etwa ein Jahr lang frisch bleibt? Halten Sie Ausschau nach Angeboten rund um die Weihnachten und Ostern.

10. Eier

Wir betrachten Eier als verderbliche Ware, aber konservierte Eier können bis zu neun Monate haltbar sein.

11. Brot

Sie können Brote, Muffins und Brötchen im Verkauf backen oder kaufen und sie dann in luftdichten Beuteln im Gefrierfach aufbewahren.

12. Erdnussbutter

Dieses billige Grundnahrungsmittel ist mit Protein verpackt und kann auf Crackern oder Brot oder bei Bedarf direkt aus dem Glas gegessen werden. Kaufen Sie während der Schulzeit zu den besten Preisen ein.

13. Getreide

Getreide ist preiswert, wenn es in großen Mengen gekauft wird, und es ist in der Originalverpackung bis zu einem Jahr haltbar. Sie können diese Zeit verlängern, indem Sie das Getreide in Verschlussbeutel mit Absorbern füllen.

14. Fleischkonserven

Legen Sie einen Vorrat an, wenn Sie Verkäufe von Thunfisch und Hühnerkonserven sehen. Sie können in einer Vielzahl von Gerichten verwendet oder bei Bedarf direkt aus der Dose gegessen werden. Und das Beste daran ist, dass die meisten Fleischkonserven zwei bis fünf Jahre in der Speisekammer halten.

15. Dosensuppe

Achten Sie auf den Verkauf von preiswerten und herzhaften Dosensuppen und Eintöpfen.

16. Makkaroni und Käse

Die allgegenwärtige blaue Box erweist sich im Notfall als eine preiswerte Mahlzeit. Man kann sie mit Milchpulver zubereiten oder die Milch ganz weglassen, wenn es sein muss. Bei Amazon gibt es ein Fünferpack Kraft-Makkaroni mit Käse für 4 Euro , und vielleicht können Sie bei einem Verkauf in Ihrem örtlichen Geschäft einen noch besseren Preis erzielen.

17. Saft

Apfelsaft wird oft zu sehr niedrigen Preisen verkauft. Die meisten TetraPak mit Apfelsaft halten im Regal etwa ein Jahr lang - manchmal auch länger.

18. Tee

Sie können Tee kostengünstig in großen Mengen kaufen. Bewahren Sie Ihre Teebeutel oder losen Tee in luftdichten Behältern auf, um eine lange Haltbarkeit zu gewährleisten.

19. Kaffee

Achten Sie auf Lagerverkäufe von Kaffee. Verzichten Sie bei Ihrer Notvorratskammer auf die schicken Namen und entscheiden Sie sich für Ladenmarken. Lassen Sie den Kaffee ungeöffnet in original vakuumversiegelten Verpackungen oder Dosen, um beste Langzeitlagerungsergebnisse zu erzielen.

Einkaufsliste für Lebensmittel für den Notfall

Hier ist eine mögliche Anfangseinkaufsliste für Ihren Budgetvorrat. Bei Online-Käufen über Amazon liegen diese Artikel insgesamt unter 100 Euro, aber auch bei Edeka und Rewe erhalten Sie einen ähnlichen Preis. Sie können es vielleicht besser machen, wenn Sie Ihr lokal einkaufen.

- 4 Dosen Mais
- 4 Dosen Erbsen
- 4 Dosen Möhren
- 4 Packungen Käse (je 1kg)
- 4 Gläser Nudelsauce
- 4 Dosen verzehrfertige Rinderravioli
- 4 Dosen Mandarinen-Orangen
- 2 Gläser Erdnussbutter
- 2 Säcke Reis
- 2 Säcke Mehl
- 2 Pfund Butter
- 5 Päckchen Instant-Kartoffelpüree
- 6er-Pack Instant-Ramen-Nudeln
- 4er-Pack Instantpudding
- 6er-Pack Thunfisch in Dosen
- 4 Dosen Hühnerkonserven
- 3 Dosen Sardinen
- 1 Dose Hafer
- 1 Dose Rosinen
- 1 Dosenschinken
- 4 Dosen gebackene Bohnen
- 3 Schachteln Maisbrotmischung
- 6 Dosen Fertigsuppe zum Verzehr
- Verschiedene Gewürze und Getränke wie oben erwähnt

17 Nahrungsmittel, die ewig haltbar sind

Wenn es um die Bevorratung von Lebensmitteln geht, ist die Haltbarkeit bei weitem einer der wichtigsten Faktoren, auf die Sie als Prepper achten müssen. Während die meisten Lebensmittel nur eine begrenzte Haltbarkeitsdauer haben, gibt es einige wenige Lebensmittel, die mehr als einhundert Jahre sicher gelagert werden können.

Wenn Sie nach Lebensmitteln suchen, bei denen Sie nie befürchten müssen, dass sie schlecht werden, dann schauen Sie sich diese siebzehn Überlebensnahrung an, die ein Jahrhundert lang haltbar ist.

Bevor Sie jedoch ausgehen und mit dem Kauf beginnen, bedenken Sie, dass diese Lebensmittel nur dann ein Jahrhundert überleben, wenn sie richtig gelagert werden.

1. Alkohol

Wie die meisten Menschen wissen, wird der Wein umso besser, je älter er wird. Mit der

Zeit verblassen jedoch die fruchtigen Aromen und hinterlassen die nicht-fruchtigen Aromen, die je nach Wein gut oder schlecht sein können. Grundlauge (Branntwein, Gin, Wodka, Whisky usw.) wird auf unbestimmte Zeit halten. Bier hingegen wird nicht 100 Jahre halten. Im besten Fall hält es gekühlt einige Jahre und ungekühlt nur etwa ein Jahr.

2. Apfelweinessig

Apfelessig ist wahrscheinlich eines der gesündesten Lebensmittel der Welt. Er hat tonnenweise gesundheitliche Vorteile und buchstäblich über 100 Verwendungsmöglichkeiten. Selbst wenn Sie nicht damit kochen, lohnt es sich also immer noch, einen Vorrat anzulegen.

3. Backpulver

Backpulver ist eine wichtige Zutat in einer Vielzahl von Rezepten und ein vielseitiges Produkt, das von der Reinigung bis zur Körperpflege eingesetzt werden kann.

Wenn es in luftdichten Behältern gelagert wird, wird Backpulver nie schlecht werden. Bringen Sie Ihr Backpulver aus dem Karton, in dem es geliefert wird, in einen dauerhafteren Behälter und bewahren Sie es an einem kühlen, trockenen Ort auf.

4. Bohnen

Insbesondere getrocknete Bohnen, die in luftdichten Behältern mit unbegrenzter Haltbarkeit gelistet sind. Allerdings beginnen getrocknete Bohnen nach einigen Jahren der Lagerung ihre Feuchtigkeit zu verlieren, was bedeutet, dass sie ab einem bestimmten Punkt möglicherweise nicht mehr den gleichen Geschmack und die gleiche Textur haben.

Dennoch bleiben sie essbar, was getrocknete Bohnen zu einem hervorragenden Überlebensnahrungsmittel macht, das man auf Vorrat lagern kann.

5. Maisstärke

Maisstärke ist eine großartige Zutat, um Soßen zu verdicken und verschiedenen

Gerichten Geschmack zu verleihen. Sie wird auch nie schlecht.

Da die meiste Maisstärke jedoch in Pappkartons verkauft wird, die sich mit der Zeit zersetzen, sollten Sie Ihre Maisstärke vor der Lagerung in einen dauerhafteren Behälter umfüllen.

6. Maissirup

Maissirup ist vielleicht nicht das gesündeste Lebensmittel, aber er ist ein großartiges Süßungsmittel, das nie schlecht wird. Lagern Sie Ihren Maissirup an einem kühlen, trockenen Ort und er ist unbegrenzt haltbar.

7. Ghee

Ghee ist eine Form von Butter, die ihren Ursprung in Südasien hat. Im Gegensatz zu traditioneller Butter wird Ghee nie schlecht, da die gesamte Feuchtigkeit verdampft wird.

Lagern Sie Ihr Ghee an einem kühlen, trockenen Ort und Sie haben immer einen leckeren Butterersatz zur Verfügung.

8. Honig

Honig mag kristallisieren und sich mit der Zeit in Zucker verwandeln, aber er wird nie wirklich schlecht. Durch einfaches Erhitzen des Honigs in warmem Wasser werden diese Kristalle innerhalb weniger Minuten aufgelöst.

In Plastik- oder Glasgläsern aufbewahrt, ist Honig unbegrenzt haltbar, d.h. Sie können eine süße Leckerei genießen, egal wie viele Jahre vergangen sind.

9. Instant-Kaffee

Wenn Sie einer der vielen Menschen sind, die sich jeden Morgen auf eine Tasse Kaffee verlassen, um Ihren Tag zu beginnen, werden Sie froh sein zu wissen, dass Instantkaffee bei richtiger Lagerung nie verdirbt.

Damit Instantkaffee nicht verdirbt, müssen Sie ihn in vakuumversiegelten Beuteln aufbewahren, die in einem Gefrierschrank aufbewahrt werden.

10. Ahornsirup

Ahornsirup ist in vielerlei Hinsicht dem Honig ähnlich. Er kann unbegrenzt gelagert werden, ohne zu verderben, wenn er kühl und trocken aufbewahrt wird, kann aber mit der Zeit zu kristallisieren beginnen. Wie beim Honig genügt ein wenig warmes Wasser, um die Kristalle aufzulösen.

11. Popcorn

Um ehrlich zu sein, könnte es schwierig sein, diese ein Jahrhundert lang zu halten. Es muss aus einfachen Popcorn-Körnern ohne jegliche Gewürze bestehen, und es muss vollständig vakuumversiegelt und kühl und fern von jeglicher Feuchtigkeit gehalten werden. Aber technisch gesehen ist es möglich, es jahrzehntelang oder sogar noch länger haltbar zu machen.

12. Reis

Reis ist ein Grundnahrungsmittel zum Überleben, auch dank der Tatsache, dass er billig und sättigend ist. Reis ist aber auch ein ideales Überlebensnahrungsmittel, da er unbegrenzt haltbar ist. Bevor sie geöffnet werden, halten Säcke mit Reis ewig, wenn sie an einem kühlen, trockenen Ort gelagert werden. Nach dem Öffnen eines Reisbeutels müssen Sie ihn in einen Gefrierschrank geben, damit er nicht verdirbt.

13. Salz

Salz hält eine Ewigkeit in der Lagerung - was sinnvoll ist, wenn man bedenkt, dass Salz oft aus der Erde abgebaut wird, nachdem es unendlich lange unter der Erde gelegen hat. Stellen Sie jedoch sicher, dass Sie nicht jodiertes Salz erhalten. Auch wenn das Salz ewig hält, wird das Jod nach fünf Jahren schlecht werden.

Lagern Sie Ihr Salz einfach an einem kühlen, trockenen Ort, und es wird nie versauern. Achten Sie auf Meersalz, das mehr Nährstoffe enthält als gewöhnliches Speisesalz.

14. Soja-Sauce

Hauptsächlich aufgrund ihres hohen Natriumgehalts ist Sojasauce unbegrenzt haltbar, solange sie ungeöffnet bleibt.

Lagern Sie Ihre Sojasauce einfach an einem kühlen, trockenen Ort und sie wird nie verderben.

15. Zucker

Trotz der Tatsache, dass Zellen von einer Form von Zucker - Glukose - überleben, unterstützt Zucker selbst nicht das Wachstum von Bakterien. Das bedeutet, dass alle Formen von Zucker - einschließlich Weiß-, Braun- und Puderzucker - ewig halten, wenn sie in einem luftdichten Behälter aufbewahrt und in einem kühlen, trockenen Raum gelagert werden.

16. Vanille-Extrakt

Dieses Material ist unerlässlich, wenn Sie gerne backen oder Pfannkuchen machen. Bei richtiger Lagerung wird reiner Vanilleextrakt nie verderben.

Es ist jedoch unbedingt darauf zu achten, dass Sie wirklich reines Vanilleextrakt kaufen und nicht künstliches Vanilleextrakt, da das künstliche Zeug nur eine Haltbarkeit von drei bis vier Jahren hat.

Wenn Sie das echte Zeug kaufen und an einem kühlen, trockenen Ort lagern, wird es nie verderben.

17. Weißer Essig

Weißer Essig ist eine notwendige Zutat für viele Rezepte und auch ein vielseitiges Reinigungsmittel. Er hat viele Verwendungsmöglichkeiten rund um das Haus.

Er hält auch ewig, wenn er richtig gelagert wird - was bedeutet, dass Ihr Essig in einem dicht verschlossenen Behälter aufbewahrt und an einem kühlen, trockenen Ort gelagert werden muss.

18 Lagerorte für Lebensmittel bei Platzmangel

Es gibt nur eine schlechte Sache bei der Bevorratung von Lebensmitteln: Sie nimmt viel Platz in Anspruch. Für Menschen, die in großen Häusern leben, ist das kein Problem. Sie können ihre Lebensmittelvorräte einfach in einem zusätzlichen Schlafzimmer oder Schrank verstauen.

Aber für diejenigen von uns, die in kleinen Häusern oder Wohnungen leben, kann es ein großes Problem sein. Wohin sollen wir die Lebensmittelvorräte für ein Jahr verpacken, wenn unsere Schränke und Kammern bereits überfüllt sind?

Glücklicherweise gibt es auf diese Frage mehrere Antworten. Wenn Sie diese Liste lesen, werden Sie feststellen, dass Sie viel mehr Platz haben, als Sie dachten. Alles, was Sie tun müssen, ist, Ihr Haus aufzuräumen und über den Tellerrand zu schauen. Hier sind 20 Plätze, an denen Sie Ihr Essen aufbewahren können, auch wenn Sie in einem kleinen Haus wohnen.

1. Unter dem Bett

Dies ist ein ausgezeichneter Ort, um Ihr Essen zu verstauen. Aber bevor Sie anfangen, Dosenbohnen darunter zu rollen, holen Sie sich ein paar Behälter, die unter die Betten passen. Sie sind mit Rädern ausgestattet, so dass Sie leicht an Ihr Essen gelangen.

2. In Regalen

Dies ist eine großartige Möglichkeit, den Platz zu nutzen und Ihre Lebensmittelvorräte außer Sichtweite zu halten. Räumen Sie ein paar Dinge aus, um Platz zu schaffen. Viele Schränke haben zwei Regale, wobei das oberste nicht ohne einen Hocker erreichbar ist. Benutzen Sie es zur Aufbewahrung Ihrer Vorräte.

3. Unter einem falschen Fußboden

Füllen Sie ein paar 5-Gallonen-Eimer mit Lebensmitteln und legen Sie dann ein Stück Pappe oder Holz darüber. Stapeln Sie Ihre Schuhe und was nicht alles auf dem neuen

Boden. Sie brauchen nicht mehr auf dem Boden nach Ihren Schuhen zu graben, und Sie haben mehr Lebensmittel eingelagert.

4. Hinter der Couch

Ziehen Sie Ihre Couch 6 bis 12 Zentimeter von der Wand weg und stapeln Sie Kisten mit Lebensmitteln oder Dosen dort hinten. Wenn Sie fertig sind, decken Sie sie mit einer Decke zu. Auf den ersten Blick werden die meisten Leute nicht einmal merken, dass da was drin ist.

5. Unter der Spüle

Installieren Sie mindestens ein Regal unter Ihrem Küchen- oder Badezimmer-Waschbecken. Normalerweise gibt es dort unten keine Regale, was bedeutet, dass die obere Hälfte des Schranks völlig ungenutzt bleibt.

6. Innenmöbel

Es gibt Firmen, die Möbel mit Geheimfächern entwerfen, aber das ist ein bisschen teuer. Versuchen Sie stattdessen,

Ihre eigenen zu entwerfen. Sie könnten zum Beispiel einen 5-Gallonen-Eimer mit Lebensmitteln füllen, ein Stück Holz darauflegen und eine Tischdecke darüber drapieren. Statt eines Nachttisches oder Beistelltisches, der Platz wegnimmt, haben Sie jetzt einen weiteren Eimer mit Lebensmitteln.

7. Unterhalb der Treppe

Unter der Treppe gibt es normalerweise viel leeren Raum. Wenn Sie Ihr eigenes Haus besitzen, schneiden Sie eine Tür in den Bereich ein, wenn es nicht bereits eine gibt. Oder Sie könnten ein paar Schubladen im Treppenhaus einbauen.

8. Oberhalb der Falldecken

Diese Art von Decken sind in Bürogebäuden häufiger anzutreffen als in Häusern, aber wenn Sie sie haben, schieben Sie sich auf eine Kachel, und Sie werden dort oben ziemlich viel Platz entdecken. Legen Sie eine Holzplatte über die Balken, um zu verhindern, dass das Essen die Deckenplatten zerbricht.

9. In Regalen in der Nähe der Decke

Bauen Sie Regale, die um die oberen 2 Fuß eines Schlafzimmers herumgehen. Da oben gibt es viel Platz! Ein schönes breites Regal, das etwa an der Wand angebracht wird, bietet Ihnen viel mehr Stauraum, ohne dass Sie tatsächlich Wohnfläche benötigen.

10. Innenraum vom Sofa oder Stühlen

Wenn Sie eine große Liege oder einen Ruhesessel haben, sollten im Inneren Hohlräume vorhanden sein. Finden Sie diese Stellen und stopfen Sie sie mit Lebensmitteltüten aus. Möglicherweise müssen Sie ein Stück Stoff ausschneiden.

11. In Koffern

Wenn Sie einen Satz leerer Koffer im Schrank haben, könnten Sie darin große Säcke mit Bohnen, Reis, Mehl usw. verstauen. Wenn Sie den Koffer benutzen müssen, nehmen Sie einfach vorübergehend das Essen heraus und stellen Sie es dorthin, wo der Koffer war.

12. Unter Fußbodenbretter

Viele Häuser haben 8 bis 12 Zoll Platz unter den Bodenbrettern. Heben Sie vorsichtig ein paar Bretter auf und decken Sie dann den Bereich mit einem Teppich und einigen Möbeln ab.

13. In kleineren Paketen

Dinge wie Nudeln kommen oft in Schachteln, die mehr Platz als nötig benötigen. Nehmen Sie sie aus den Schachteln und verschließen Sie sie in Klipp-Beuteln, die viel flexibler sind als Kartonverpackungen.

14. Oberhalb des Kühlschranks

Die Schränke über dem Kühlschrank sind hauptsächlich für das Aussehen gedacht. Aber nur weil sie schwer zu erreichen sind, heißt das nicht, dass man sie nicht benutzen sollte. Holen Sie sich einen Tritthocker und bringen Sie dort oben alles an, was Sie können.

15.   In   einer   ordentlicheren Speisekammer

In Ihrer Speisekammer ist wahrscheinlich mehr Platz, als Sie denken. Ordnen Sie Ihre Speisekammer neu und schauen Sie, ob Sie ein Regal aufräumen können. Sorgen Sie dafür, dass jeder Zentimeter zählt.

16. Über den Schränken

Wenn Ihre Küche Platz zwischen den Schränken und der Decke hat, nutzen Sie ihn, um mehr Lebensmittel zu lagern. Wenn Sie möchten, können Sie Ihre Lebensmittel in dekorative Flaschen oder Schachteln legen, damit sie noch gut aussehen.

17. In den Ecken

Wenn es in Ihrem Haus leere Ecken gibt, stapeln Sie dort Kisten oder 5-Liter-Eimer und sichern Sie diese mit einem Seil.

18. In Bücherregalen

Diese eignen sich perfekt für die Lagerung von Lebensmitteln. Sie können die

Lebensmittel verstecken, indem Sie eine Reihe von Büchern nach vorne stellen. Die meisten Bücherregale sind breit genug, um zwei Reihen von Büchern aufzunehmen, aber die meisten Leute nutzen den Platz nicht auf diese Weise, weil sie dann nicht die Hälfte der Bücher sehen könnten. Wenn Sie dies tun, sollten Sie das Bücherregal unbedingt an der Wand befestigen.

10 Dinge, die Ihren Lebensmittelvorrat schaden können

Die Bevorratung mit Lebensmitteln erfordert Zeit, Geduld und natürlich Geld. Wenn Sie sich die Lebensmittel in Ihren Regalen anschauen, denken Sie daran, dass sie einst Geld in Ihrer Tasche waren. Sie würden kein Geld wegwerfen, aber genau das tun Sie, wenn Sie sich nicht um Ihre Lebensmittelvorräte kümmern.

Das ist nicht der einzige Grund, warum Sie Ihr Essen richtig lagern sollten. Ranziges Essen ist sehr gefährlich. Schon ein einziger Bissen ranzig gewordener Nahrung kann giftig genug sein, um Sie krank zu machen. Oder schlimmer noch: tot. Lassen Sie so etwas Gefährliches nicht in Ihrer Küche enden, wo jemand es essen könnte.

Um sicherzustellen, dass diese Dinge nicht passieren und um Ihre Lebensmittel möglichst lange haltbar zu machen, studieren Sie diese Liste mit 10 Dingen, die

Ihren Vorrat an Lebensmitteln zerstören können.

1. Hitze

Hitze kann Ihre Lebensmittel an einem einzigen Tag vernichten. Deshalb müssen Sie Ihre Lebensmittel an einem Ort lagern, der temperaturgesteuert ist. Im Idealfall möchten Sie Ihre Lebensmittel in einem Raum mit einer Temperatur zwischen 17 und 21 Grad Celsius aufbewahren. Die meisten Menschen werden ihre Thermostate wahrscheinlich auf 19 Grad einstellen, und das ist in Ordnung, aber lassen Sie sie das ganze Jahr über dort, denn Temperaturschwankungen verkürzen auch die Haltbarkeit.

Höhere Temperaturen werden die Haltbarkeit deutlich verkürzen. Und bevor Sie Ihre Lebensmittel für den Winter auf den Dachboden oder in die Garage stellen, denken Sie daran, dass die Temperaturen im Gefrierfach Lebensmittel verderben können, die nicht eingefroren werden sollen. Lagern Sie Ihre Lebensmittel niemals irgendwo im

Freien, es sei denn, es handelt sich um einen gut versiegelten, versteckten Lagerraum.

2. Luft

Die Luft ist ein weiterer Feind der Nahrung. Luft bedeutet Sauerstoff und Sauerstoff bedeutet Feuchtigkeit (siehe nächster Punkt). Sie wollen, dass Ihre Lebensmittel dicht verschlossen werden, um die Luft fernzuhalten. Außerdem hinterlässt sie Lebensmittel mit einem schalen Geschmack oder kann sie so sehr verhärten, dass sie nicht einmal mehr genießbar sind. Mehlbasierte Lebensmittel sind nicht lange haltbar, wenn sie der Luft ausgesetzt werden.

Mit Klipp-Beuteln und Sauerstoff-Absorbern können Sie dazu beitragen, dass die Luft aus Ihren Lebensmitteln herausbleibt.

3. Feuchtigkeit

Feuchtigkeit kann schnell zu Schimmelbildung auf Ihren Lebensmitteln führen. Alles in Kartonverpackungen oder dünnem Plastik ist anfällig für

Feuchtigkeitsschäden, daher sollten Sie Ihren Lagerraum sorgfältig auswählen. Lebensmittel sollten nicht im Badezimmer, in der Waschküche, unter einem Waschbecken oder an einem feuchten Ort aufbewahrt werden.

Sie sollten Dinge wie getrocknete Bohnen, Mehl und Nudeln in luftdichten Behältern aufbewahren. Wenn die Luft draußen bleibt, wird die Feuchtigkeit draußen bleiben.

4. Licht

Licht ist genauso gefährlich wie Luft und Feuchtigkeit und kann den Nährwert Ihrer Lebensmittel beeinträchtigen. Aus diesem Grund ist es sehr wichtig, dass Sie Ihr Essen im Dunkeln aufbewahren. Kellerräume sind eine gute Wahl. Sie können Ihr Essen aber auch in einem Schrank aufbewahren oder Verdunkelungsvorhänge über die Fenster hängen.

Eine andere Möglichkeit ist die Aufbewahrung in lebensmittelechten Eimern. Selbst dann wollen Sie nicht, dass direktes Sonnenlicht auf die Eimer trifft, weil es die Eimer erhitzen kann (siehe das Problem mit der Hitze oben).

5. Ungeziefer

Wanzen sind ein großes Problem, vor allem bei Dingen wie Weizen und Mehl. Ameisen, Flöhe, Kakerlaken, Rüsselkäfer... jeder von ihnen kann Ihre Nahrungsvorräte ruinieren. Die Lösung ist Kieselgur. Fügen Sie einfach 1-2 Tassen zu je 50 Pfund Nahrung hinzu.

Dieser Käferkiller ist preiswert und die Investition wert. Ein weiterer Trick besteht darin, ein paar Lorbeerblätter auf den Boden eines Eimers zu geben, bevor man das Futter hineinlegt. Das hilft, Schädlinge abzuwehren.

6. Nagetiere

Nagetiere können sehr hartnäckig sein. Wenn sie hungrig genug sind, kommen sie auch durch die stärkste Verpackung. Deshalb sollten Sie in einige 5-Gallonen-Eimer in Lebensmittelqualität für Ihre Nahrung investieren. Sie sollten auch Fallen, giftige Köder oder Pfefferminzöl (ein

großartiges   Nagetierabwehrmittel)
auslegen.

Kontrollieren   Sie   Ihren
Nahrungsmittellagerbereich oft und suchen
Sie nach Beweisen, dass Nagetiere ihn
überprüft haben, und versiegeln Sie alle
Löcher in dem Bereich mit einem Stück
Stahlwolle. Wenn Ihr Haus an einem
abgelegenen Ort liegt, haben Sie vielleicht
größere Probleme wie Waschbären oder
sogar Rehe. Dies ist ein weiterer Grund,
warum Sie Ihr Essen nicht draußen lagern
sollten.

7. Zeit

Leider ist die Zeit einer der häufigsten
Vernichter von Lebensmitteln. Die
Menschen kaufen riesige Mengen an
Nahrungsmitteln in großen Mengen,
schieben sie hinten in ihre Speisekammern
und vergessen sie. Wenn sie dann dazu
kommen, ist das Verfallsdatum längst
überschritten. Um dies zu vermeiden,
befolgen Sie einfach eine einfache Regel:
First in, first out. Legen Sie immer neue
Gegenstände hinter alte und verbrauchen

Sie alles, was kurz vor dem Verfallsdatum steht.

Prüfen Sie bei jedem Wechsel der Lebensmittel das Verfallsdatum. Um dies zu erleichtern, besorgen Sie sich etwas Abdeckband (zur Verwendung als Etiketten) und einen schwarzen Marker und schreiben Sie die Daten in großer Zahl auf.

8. Chemikalien

Chemikalien können auf unangenehme Weise in Plastiktüten und Pappe eindringen. Es besteht auch die Gefahr, dass sie verschüttet werden und Ihre Lebensmittel kontaminieren können. Vermeiden Sie es, Dinge wie Haushaltsreiniger, Gas und andere Chemikalien im gleichen Bereich wie Ihre Lebensmittel zu lagern.

Farbe, Dünger und Pestizide sollten ebenfalls von Ihren Lebensmitteln ferngehalten werden. Wenn Sie bestimmte Reinigungsmittel oder Dinge wie Bleichmittel in Ihrem Lebensmittelbereich aufbewahren müssen, stellen Sie sie auf das unterste Regal, falls die Behälter undicht werden oder auslaufen.

9. Bakterien

Bakterien auf Ihren Händen können Ihre Lebensmittel leicht kontaminieren. Waschen Sie Ihre Hände immer mit antibakterieller Seife, bevor Sie mit Lebensmitteln umgehen. Dies ist besonders wichtig, wenn Sie Lebensmittel eindosen oder dehydrieren. Sie werden die Bakterien auf den Lebensmitteln erst sehen, wenn es zu spät ist.

Wenn Ihre Konserven verunreinigt sind, werden Sie irgendwann sehen, wie sich Schimmel im Inneren der Gläser bildet. Wenn das passiert, kann das Essen nicht mehr gerettet werden und muss weggeworfen werden, das Glas und alles andere auch. Öffnen Sie sie nicht einmal. Hier erfahren Sie mehr über die Sicherheit von Konserven.

10. Menschen

Menschen, die nicht verstehen, warum Sie Lebensmittel lagern und warum es wichtig ist, stellen eine große Bedrohung für Ihre

Lebensmittelvorräte dar. Ich spreche von Freunden, Familienmitgliedern und Kindern.

Wenn sie zum Beispiel die Bedeutung von Klipp-Beuteln nicht verstehen, könnten sie einen öffnen, einen Teil der Lebensmittel essen und sie ohne Versiegelung zurücklegen, wodurch der Rest verderben würde. Deshalb ist es wichtig, jedem, der Zugang zu Ihrem Lebensmittelvorrat hat, zu sagen, dass er ihn in Ruhe lassen soll, bis es Zeit ist, ihn zu essen.

Ihre Nahrungsmittellagerung ist viel zu wichtig, um sie dem Zufall zu überlassen. Tun Sie Ihr Bestes, um diese Regeln zu befolgen, damit Sie Ihr Essen schützen und es so lange wie möglich aufbewahren können. Eines Tages könnte Ihr Leben davon abhängen.

Vielen Dank für das Lesen von Prepping für Einsteiger!

Ich hoffe sehr, dass Sie mit dem Buch und dem Inhalt zufrieden sind und viele neue Informationen rund um die Vorteile als Prepper gewinnen konnten.

Kundenzufriedenheit ist mir als Autor wichtig und ich freue mich, wenn Sie mir Ihre Eindrücke und Feedback mitteilen könnten. Es wäre toll, wenn Sie sich kurz die Zeit nehmen, eine Bewertung bei Amazon zu schreiben. Denn dann helfen Sie auch anderen Kunden bei der Auswahl.

Um Ihre Bewertung zu schreiben und abzuschicken, genügt ein Besuch bei folgenden Link oder QR-Code.

https: //amzn.to/2ZITxPC

Herausgeber:

Markus Winter

Mittelbachstraße 42

D-96052 Bamberg

Kontakt[at]fertigbuch(.)de

Druck & Versand:

Amazon EU Sarl

Einkaufsliste für unter 100 Euro

Lebensmittel	Menge (in kg)
Dosenbrot	1,5
Nudeln	3
Mais	2
Knäckebrot	2
Reis	3
Haferflocken	3
Kartoffeln im Sack	6
Thunfisch	1
Dosenwurst	2
Eier	1
Trinkwasser	ca. 60 Liter
Tee (versch. Sorten)	2
Kaffee	5
Bohnen (Dose)	3
Erbsen (Dose)	2
Karotten (Dose)	2
Zwiebeln im Sack	3
Pilze (Dose)	2
Milch 3,5 %	ca. 14 Liter
Speiseöl	ca. 3 Liter
Hartkäse	2
Versch. Obst (Dose)	5

Mit diesem Nahrungsvorrat können 2 Personen über einem Zeitraum von ca. 14 Tagen für weniger als 100 Euro die wichtigsten Speisen zubereiten und wichtige Grundnährstoffe konsumieren. (*Preise vom Discounter und Eigenmarken der Supermarktketten).

Einkaufsliste für unter 100 Euro

Lebensmittel	Menge (in kg)
Dosenbrot	1,5
Nudeln	3
Mais	2
Knäckebrot	2
Reis	3
Haferflocken	3
Kartoffeln im Sack	6
Thunfisch	1
Dosenwurst	2
Eier	1
Trinkwasser	ca. 60 Liter
Tee (versch. Sorten)	2
Kaffee	5
Bohnen (Dose)	3
Erbsen (Dose)	2
Karotten (Dose)	2
Zwiebeln im Sack	3
Pilze (Dose)	2
Milch 3,5 %	ca. 14 Liter
Speiseöl	ca. 3 Liter
Hartkäse	2
Versch. Obst (Dose)	5

Mit diesem Nahrungsvorrat können 2 Personen über einem Zeitraum von ca. 14 Tagen für weniger als 100 Euro die wichtigsten Speisen zubereiten und wichtige Grundnährstoffe konsumieren. (*Preise vom Discounter und Eigenmarken der Supermarktketten).

Einkaufsliste für unter 100 Euro

Lebensmittel	Menge (in kg)
Dosenbrot	1,5
Nudeln	3
Mais	2
Knäckebrot	2
Reis	3
Haferflocken	3
Kartoffeln im Sack	6
Thunfisch	1
Dosenwurst	2
Eier	1
Trinkwasser	ca. 60 Liter
Tee (versch. Sorten)	2
Kaffee	5
Bohnen (Dose)	3
Erbsen (Dose)	2
Karotten (Dose)	2
Zwiebeln im Sack	3
Pilze (Dose)	2
Milch 3,5 %	ca. 14 Liter
Speiseöl	ca. 3 Liter
Hartkäse	2
Versch. Obst (Dose)	5

Mit diesem Nahrungsvorrat können 2 Personen über einem Zeitraum von ca. 14 Tagen für weniger als 100 Euro die wichtigsten Speisen zubereiten und wichtige Grundnährstoffe konsumieren. (*Preise vom Discounter und Eigenmarken der Supermarktketten).

Einkaufsliste für unter 100 Euro

Lebensmittel	Menge (in kg)
Dosenbrot	1,5
Nudeln	3
Mais	2
Knäckebrot	2
Reis	3
Haferflocken	3
Kartoffeln im Sack	6
Thunfisch	1
Dosenwurst	2
Eier	1
Trinkwasser	ca. 60 Liter
Tee (versch. Sorten)	2
Kaffee	5
Bohnen (Dose)	3
Erbsen (Dose)	2
Karotten (Dose)	2
Zwiebeln im Sack	3
Pilze (Dose)	2
Milch 3,5 %	ca. 14 Liter
Speiseöl	ca. 3 Liter
Hartkäse	2
Versch. Obst (Dose)	5

Mit diesem Nahrungsvorrat können 2 Personen über einem Zeitraum von ca. 14 Tagen für weniger als 100 Euro die wichtigsten Speisen zubereiten und wichtige Grundnährstoffe konsumieren. (*Preise vom Discounter und Eigenmarken der Supermarktketten).